目　次

前　言

本标准依据 GB/T 1. 1—2009 给出的规则起草。

本标准为行业标准，在制定过程中参考了国家图书馆“国家数字图书馆工程标准规范项目”的部分研制成果。本标准是首次制定。

本标准由中华人民共和国文化部提出。

本标准由全国图书馆标准化技术委员会(SAC/TC389)归口。

本标准起草单位：国家图书馆、北京大学图书馆、福建省图书馆。

本标准主要起草人：龙伟、李晓明、李志尧、陈月婷、宋姝、唐勇、陈顺。

请注意本文件的某些内容可能涉及专利。本文件的发布机构不承担识别这些专利的责任。

图像数据加工规范

1 范围

本标准规定了文献实物、原生图像数字资源和派生图像数字资源的数字化加工的技术标准和工作规范。

本标准适用于图书馆、博物馆、档案馆、情报信息中心等文献收藏部门进行数字化加工图像数据，包括数据采集、编码转换、编辑处理、元数据著录及数字对象保存管理等。

2 规范性引用文件

下列文件对于本文件的应用是必不可少的。凡是注日期的引用文件，仅所注日期的版本适用于本文件。凡是不注日期的引用文件，其最新版本（包括所有的修改单）适用于本文件。

GB/T 19894—2005 数码照相机光电转换函数（OECF）的测量方法

GB/T 22113—2008 印刷技术 印前数据交换 用于图像技术的标签图像文件格式（TIFF/IT）

GB/T 23286.1—2009 文献管理 长期保存的电子文档文件格式 第1部分：PDF 1.4（PDF/A-1）的使用

ISO 4087:2005 缩微摄影技术 在35mm卷片上拍摄永久保存报纸的规定

ISO 15739:2003 摄影 电子静止图像成像 噪声测量

ISO 16067—1:2003 摄影 摄影成像用电子扫描仪的空间分辨率测量．第1部分：反射介质用扫描仪

ISO 16067—2:2004 摄影 摄影成像用电子扫描仪的空间分辨率测量．第2部分：胶片扫描仪

ISO 21550:2004 摄影 图像用电子扫描仪 动态范围测量

ISO 32000—1:2008 文献管理 便携式文档格式 第一部分：PDF 1.7

ISO/IEC 10918 信息技术 连续色调静止成像的数字压缩和编码

ISO/IEC 11544:1993 信息技术 图像和声音信息的代码表示 二级图像的渐进压缩

ISO/IEC 14772 信息技术 计算机图形和图像处理 虚拟现实建模语言

ISO/IEC 15444—12:2005 信息技术 JPEG 2000 图像编码系统

3 术语和定义

下列术语和定义适用于本文件。

3.1

文献 document

在文献工作过程中作为一个单元处理的记录信息或实物对象。

注：来源于GB/T 4894—2009 文献 4.1.2.2。

3.2

数字化 digitization

运用信息处理技术将文献转化为计算机可以识别和处理的数字信息的过程。

3.3

图像 image

人类视觉可以感知的对象。

3.4

数字图像 digital image

由数字组成的图像。用二维矩阵描述,表示实物图像的整数阵列。

3.5

缩微胶卷 microfilm

条或卷形状的缩微品。

注:来源于 GB/T 4894—2009 缩微胶卷 4.2.3.3.10。

3.6

实物 physical object

甲骨、织帛、竹简、陶瓷、雕塑等早期实体文物。

3.7

像素 pixel

构成数字图像的最小单位,通常用若干不同色彩像素排列而组成的矩阵来表示数字光栅图。

3.8

分辨率 resolution

图像中存储的信息量,可以有多种衡量法。

注1:图像分辨率和图像尺寸一起决定文件的大小和输出质量。该值越大,图像文件所占用的磁盘空间也越大,打印或修改图像等操作所需时间也就越多。

注2:图像分辨率以比例关系影响着文件的大小,即文件大小与其图像分辨率的平方成正比关系,图像分辨率也影响到图像在屏幕上显示的大小。

3.9

点/英寸 dots per inch(dpi)

扫描仪(打印机)在水平方向上和垂直方向上的每英寸都能扫描(打印)的点数。

注:来源于 GB/Z 19736—2005 术语和定义 3.4。

3.10

动态范围 dynamic range

最暗区域到最亮区域的密度差值。动态范围对扫描设备来说指的是能记录原稿的色调范围。对感光元件和胶片来说,它表示图像所包含的从最暗到最亮的范围。其范围越大,所能记录的暗部和亮部细节越多,所能表现层次也越丰富。

3.11

色调 tonality

色彩外观的基本倾向。通常可以从色相、明度、冷暖、纯度四个方面来定义一幅作品的色调，在上述四个要素中，某种因素起主导作用，可以称之为某种色调。

3.12

色度 colorfulness

色调和饱和度的合称。色调决定色彩的本质类别，饱和度决定颜色的深浅。

3.13

对比度 contrast ratio

一幅图像的最高密度与最低密度的差异。

3.14

无损压缩 lossless compression

去掉或减少数据中的冗余，但这些冗余信息可以重新插入到数据中。无损冗余压缩是可逆的过程，也称无失真压缩。

3.15

有损压缩 lossy compression

允许一定程度的失真，可用于图像、声音、动态视频等数据的压缩，压缩比可达到几十倍甚至上百倍。有损压缩是不可逆的过程，损失的信息不能再恢复。

3.16

图像拼接技术 image stitching

将多幅来自同一场景的具有一定重叠区域的小尺寸图像，通过软件系统拼合成一幅大型的无缝的图像。

注：图像拼接技术在与图像数字化加工相关的文献数字化保存、遥感技术、医学图像处理等领域有广泛的应用。

3.17

主文件 master file

以存档为目的，在确保图像数据的内容和物理完整性的前提下，采集并保存图像数据，以不压缩或无损压缩方式存储。

3.18

派生文件 derivative image

由其他图像经过某种自动化处理过程生成，处理过程中通常丢失一些信息。可用于编辑或增强主文件到不同格式的转换及网络表现和传输。

4 格式编码

4.1 概述

图像数据是经过处理、组织后，呈现给用户的一组信息，存储为文件。文件可以是单页的，也可以是多页的，包含任意类型的内容，诸如字符内容、图形内容以及各种类型的图像内容。

4.2 文献类型

本规范仅给出常见的,可以通过扫描或拍照等数字化方式,存储为图像数据的文献类型。这些文献包括:

——印刷型文献。包括两种,一种是白色背景下的黑色文本,或者是彩色背景下的彩色文本,其文字边缘明显规整干净,没有色调变化。例如含有文字和简单图表的图书、期刊等;另一种是含有文本又含有图片的黑白或彩色的混合文献。

——照片型文献。包括黑白或彩色照片,以及黑白或彩色胶片。

——珍贵型文献。有重要纪念意义,存世稀少,部分文献本身具有的收藏价值远超出其内容文字所含的信息。例如古籍、手稿、绘画等。

——实物型文献。以某些实物所代表的三维立体视觉物体,如竹简、金石玉器、陶器、甲骨等。

4.3 存储格式

图像编码格式用于图像数据的存储和显示,应尽量采用国际通用编解码。每种格式的具体使用参见表1所列项目。

表1 图像数据数字资源编码标准

编码格式	名称或来源	标准用途及内容说明
PDF	GB/T 23286.1—2009 文献管理 长期保存的电子文档文件格式 第1部分:PDF 1.4(PDF/A-1)的使用 ISO 32000—1:2008 文献管理 便携式文档格式	使浏览、打印更为方便快捷,分辨率高,并可以用于把多个文件组合成章节及一本书。PDF格式可以提供辅助导航工具,如在一个文档中页面之间的超级链接,以及从一个PDF文档到另外一个文档的导航工具。PDF格式浏览软件是免费发行的。
TIFF	Aldus公司80年代中期开发,现为Adobe公司控制	有压缩和非压缩两种形式。TIFF数据允许用几种不同的方法压缩:TIFF4.0压缩方法有LZW、CCITT、Group3、Packbits等;TIFF5.0又增加了4种RLE压缩算法;TIFF6.0又增加了JPEG和其他新性能;其中压缩可采用LZW无损压缩方案存储。TIFF格式支持带Alpha通道的CMYK、RGB和灰度文件,支持不带Alpha通道的Lab、索引颜色和位图文件。
JPEG	ISO/IEC 10918	用于连续色调、多级灰度、彩色/单色静态图像压缩,最大压缩比可达100:1。它用有损压缩方式去除冗余的图像和彩色数据,获取极高的压缩率的同时能展现十分丰富生动的图像。同时JPEG还是一种很灵活的格式,具有调节图像质量的功能,允许用不同的压缩比对这种文件进行压缩。
JPEG2000	ISO/IEC 15444—12:2005	JPEG2000压缩率比JPEG高约30%左右。同时支持有损和无损压缩。能实现渐进传输。支持所谓的“感兴趣区域”特性,可任意指定影像上感兴趣区域的压缩质量,还可以选择指定的部分先解压缩。

续表

编码格式	名称或来源	标准用途及内容说明
RAW	英文译为原料,又称照相底片	图像传感器处理的原始图像文件,记录了每个像素的亮度值,不受任何差值和处理参数的影响。该格式记录了最原始忠于真实的信息不加以修饰和更改,为后期制作留下宽广的可创作的空间。各大厂商不同型号相机输出的 RAW 文件标准和文件名后缀有所差别,举例来说,佳能数码单反后缀为 . CR2,尼康数码单反后缀为 . NEF. NRW。用户处理 RAW 格式图像时必须使用厂家提供的专门软件。
GIF	CompuServe 公司,1987 年	无损压缩格式,其压缩率一般在 50% 左右,尤其适用于低分辨率屏幕的影像显示。通常用于影像缩略图和图像数据的屏幕显示,所有主要的计算机平台和 Internet Web 浏览器支持 GIF 格式。GIF 格式的特点是压缩比高,磁盘空间占用较少,短小、下载速度快、可用许多具有同样大小的位图图像文件组成动画。GIF 格式还增加了渐显方式,但 GIF 有个小小的缺点,即不能存储超过 256 色的图像,最大图像像素是 64 000 × 64 000。

注:本表只列出本规范中涉及的图像格式相关的数字编码。

4.4 数据存储

用于长期保存和应用的图像数据应该存储 3 个以上原始文献的影像,一个是图像主文件,另外两个是图像派生文件,包括高清晰度和浏览使用的图像文件。

图像主文件应该采集尽可能多的信息。如果原始文献内容中的彩色信息是不可缺少的部分,主文件应该使用彩色方式数字化,不使用灰度级,而且任何文件压缩都应该是无损的。图像派生文件可以在需要时,通过图像主文件进行转换,并能为应用程序提供合理存取。建议至少创建两个派生文件,一个是具有高清晰度,满足更多需要的服务文件,另一种是为搜索和检索快速存取的浏览图像文件。

5 内容标记

图像数据数字化应标记的信息内容包括但不限于表 2 所列。

表 2 图像数据标记的内容项目

内容名称	标签	定义	注释
infoResource Identifier	信息资源标识符	唯一识别信息资源的标识	一般是特定应用系统内具有唯一识别性的标识符号。可由标识应用系统的前缀(即标识符的类型)与一字符串(即标识符的值)组成。可由系统自动产生或由人工赋予。
source	来源	对生成本信息资源的资源或其他实体的参照	可用正式标识体系的字符串表示,如 URI 以及其他标识非数字资源的编码体系(ISBN,ISSN,ISRC 等)。对于派生自其他数字资源的数字资源来说,其来源信息一般在资源的描述元数据中反映,如 DC 的"关系(relation)"。

续表

内容名称	标签	定义	注释
technicalInfo	技术信息	与信息资源的创建、加工、使用相关的物理参数、技术手段与标准以及硬件环境	可嵌入或链接通行的技术元数据。
format	格式	信息资源的物理或数字表现形式	信息资源的内容形式,包括资源内容与其元数据的类型。
resolution	分辨率	对图像或文本数据细节的分辨能力	若需区分保存、显示、图标等不同的分辨率,可依据本规范的扩展原则进行纵向的细化。
color	色彩	图像的颜色模式	图像真彩色,Web 色彩,灰度,黑白等。
colorBitDepth	色彩位深	图像采样时所获得的最多颜色种类及灰度等级,用每个像素点颜色的数据位表示	图像采样的色彩位深。
compression	压缩	以较少的位(或其他信息承载单位)表达原始数据的编码过程	若有必要分别表示压缩方法和压缩率,可进一步细分为“压缩方法”和“压缩率”。
processingMode	加工方式	数字信息资源的加工方式	数字信息资源的加工方式。如:扫描,拍照,格式转换等。
agentIdentifier	代理标识符	唯一识别代理的标识	一般是特定应用系统内具有唯一识别性的标识符号,建议由系统自动生成。
agentName	代理名称	代理的名称,包括职称、所在单位等	可以是个人、团体或者自动装置。代理可以没有名称或可以不同步其名称。
agentType	代理类型	根据代理的定义对其划分的基本大类	建立受控词汇表,规范类型的取值,建议为:个人,团体,软件。
eventIdentifier	事件标识符	唯一识别事件的标识	主要用于管理元数据记录内部关联元素之间的链接,如代理与其相关的事件,建议由系统自动生成。
eventType	事件类型	根据信息资源生命周期的基本阶段对事件划分的大类	采集、数字化、元数据加工等。
action	操作	一个事件中有特定意义的细分的行动	包括扫描、图像处理、复制、修改、删除、合并等,建议由系统自动从日志文件中获取。
actionDateTime	操作日期时间	操作发生的日期时间,如图像采集时间、图像处理日期等	图像采集时间、图像处理日期等,建议由系统自动从日志文件中获取。

6 加工技术标准

6.1 实体文献

下面表格提供了扫描和数码拍照各种类型的尺寸的原始文献的指导原则。采集的数字主文件应记录数字化加工原始文献的所有重要图像特征。

表 3　平面型文献的数字化加工标准

<table>
<tr><th colspan="2">文献类型</th><th>用途</th><th>分辨率(dpi)</th><th>色彩位深</th><th>文件格式</th><th>压缩方法</th></tr>
<tr><td colspan="2" rowspan="2">印刷型文献</td><td>主文件</td><td>300—600</td><td rowspan="2">黑白二值
8 位灰度
24 位彩色</td><td>TIFF
JPEG2000</td><td>不压缩或无损压缩</td></tr>
<tr><td>派生文件</td><td>72—300</td><td>JPG GIF
JPEG2000
PDF</td><td>无损压缩或有损压缩</td></tr>
<tr><td rowspan="4">胶片类</td><td rowspan="2">缩微胶片</td><td>主文件</td><td>300—600</td><td rowspan="2">黑白二值
8 位灰度
24 位彩色</td><td>TIFF
JPEG2000</td><td>不压缩或无损压缩</td></tr>
<tr><td>派生文件</td><td>300</td><td>JPEG2000 JPG
PDF</td><td>有损压缩</td></tr>
<tr><td rowspan="2">摄影胶片</td><td>主文件</td><td>2000 以上</td><td rowspan="2">8 位灰度
24 位彩色</td><td>TIFF
JPEG2000</td><td>不压缩或无损压缩</td></tr>
<tr><td>派生文件</td><td>原采集像素</td><td>JPEG2000
JPG PDF</td><td>有损压缩</td></tr>
<tr><td colspan="2" rowspan="2">珍贵文献(古籍、手稿、绘画等)</td><td>主文件</td><td>300—600</td><td rowspan="2">8 位灰度
24 位彩色或更高</td><td>TIFF
JPEG2000</td><td>不压缩或无损压缩</td></tr>
<tr><td>派生文件</td><td>300—600</td><td>JPEG2000
JPG GIF PDF</td><td>无损压缩或有损压缩</td></tr>
</table>

注:缩微胶片是根据被拍摄文献规格尺寸按照一定缩率摄制而成,因此在扫描时应该按照胶片缩率设置放大率的数值(即缩率的倒数),从而保证数字图像的物理尺寸与原文献尺寸相同。本标准所给缩微胶片的扫描分辨率依据专业缩微胶片扫描设备的设置参数。

表 4　实物型文献(平面成像)的数字化加工标准

<table>
<tr><th rowspan="2">载体类型</th><th rowspan="2">处理方式</th><th rowspan="2">用途</th><th colspan="3">主要参数</th><th rowspan="2">文件格式</th><th rowspan="2">考虑因素及说明</th></tr>
<tr><th>长边像素</th><th>色彩位深</th><th>图形大小</th></tr>
<tr><td rowspan="3">实物</td><td rowspan="3">数码拍摄</td><td>主文件</td><td>> =7000</td><td rowspan="3">24 位或更高</td><td>每拍约 110M</td><td>TIFF RAW
JPEG2000</td><td rowspan="3">实物类需要精细表现其文字内容及质地的使用此标准。</td></tr>
<tr><td rowspan="2">派生文件</td><td rowspan="2">< =3000</td><td>每拍约 23M</td><td>JPEG2000
有损压缩</td></tr>
<tr><td>每拍约 3M</td><td>JPG</td></tr>
</table>

注:图像大小的测算条件是:长边约 3000—7000 像素,数码相机有效像素 3300 万,色彩位深 24 位,实物样品为平面画卷。

6.2　原生数字图像资源

原生数字图像资源是指源于互联网采集,以及软件生成或合成、封装的图像文件。原生数字图像资源以原文件格式进行保存,或者根据需要转换成主流存储格式进行保存。

表5　原生数字图像资源存储格式

<table>
<tr><th>资源类型</th><th>获得途径</th><th>应用</th><th>色彩位深</th><th>文件格式</th></tr>
<tr><td>图像照片</td><td>网络下载或外购捐赠等</td><td>电脑/网络</td><td>8位或24位</td><td>原文件格式
或JPG、BMP、GIF</td></tr>
<tr><td>美术图案</td><td rowspan="7">软件生成或
合成、封装</td><td rowspan="4">电脑/网络或印刷</td><td rowspan="4">8位256色(矢量图)
24位彩色</td><td>AI、EPS</td></tr>
<tr><td>平面设计</td><td>CDR、PNG、PSD</td></tr>
<tr><td>地图</td><td>DXF、TAF</td></tr>
<tr><td>辅助设计</td><td>DWG</td></tr>
<tr><td>平面动画</td><td rowspan="2">电脑/网络</td><td rowspan="3">8位256色(矢量图)或
24位彩色</td><td>SWF</td></tr>
<tr><td>三维动画</td><td>MAX、MB</td></tr>
<tr><td>文本图形</td><td>电脑/网络或印刷</td><td>PDF</td></tr>
</table>

7　加工准备

7.1　文献前整理

7.1.1　评估文献保存现状,选择合适的数字化加工方式。

7.1.2　文献检查、整理和登记。

7.1.3　对特殊文献进行平整、修复、托裱等前期处理。

7.2　文献保护

制定文献保护措施,包括文献保管、操作处理等内容。

7.3　数字化设备

7.3.1　设备检测

采用ISO规定的标板和样品图数字化使用设备,保证色调、动态范围、图像分辨率、噪音、色彩真实度和其他一些数据达标。测试程序遵从下列标准:

GB/T 19894—2005 数码照相机光电转换函数(OECF)的测量方法

ISO 15739:2003 摄影　电子静止图像成像　噪声测量

ISO 16067—1:2003 摄影　摄影成像用电子扫描仪的空间分辨率测量. 第1部分:反射介质用扫描仪

ISO 16067—2:2004 摄影　摄影成像用电子扫描仪的空间分辨率测量. 第2部分:胶片扫描仪

ISO 21550:2004 摄影　图像用电子扫描仪　动态范围测量

7.3.2　技术参数设定

测量修正镜头光圈,调整对焦,矫正设备技术参数。

8 元数据加工

8.1 元数据著录

元数据是图像数据的重要组成部分,支持发现、识别、存储和迁移对象数据。元数据著录必须与每个数字图像、数字对象相关联,并成为数字化加工过程中的一部分。通过对产生的图像数字内容和形式特征进行分析、选择和记录的过程,产生描述元数据、结构元数据、管理元数据。

——描述元数据。数字图像的描述元数据用于发现和识别数字对象,必须与创建的每一个图像相关联。描述元数据,记录扫描或拍照过程的信息,创建的存储文件的信息,以及有关组成单个对象的各个不同块的信息。在特定图像采集过程中,元数据的各个元素可能都是一样的(例如,在一整个扫描过程中,有关扫描设备、光源、日期等元数据就可能是一样)。一些关于单个对象(如一本书每一扫描页)不同部分的元数据对于整个单一对象都是一样的。由于这种元数据的重复,所以不要求键盘录入每个数字图像的每一个元数据元素,可以通过各种元数据元素的遗传性或批上载来处理。描述元数据著录可依据《GB/T 25100—2010 信息与文献都柏林核心元数据元素集》。

——结构元数据。可帮助重新组合数字对象的各个部分以及通过结构标识进行导航获取数字对象。

——管理元数据。包含一组内容项目,记录数字主文件的创建,标识数字图像的使用环境(如应用软件),建立数字图像各个部分或示例之间的链接、版权和复制操作等信息。

8.2 数据关联

对象数据与元数据之间、对象数据内部组织结构、对象数据外部组织结构、对象数据与原始文献之间的关联。用于为用户查询、显示、导航一组数字对象。

示例:相关资源的关联,可以通过描述元数据里“Relation”元素描述。

8.3 数据封装

针对由被保存内容及其相关的元数据组成的信息包,所进行的整合操作。数据封装内容包括内容信息(图像数据对象和表现信息)、保存描述信息(长期保存需要附加的元数据)、封装信息(信息包的各部分的关联信息)、描述信息(描述元数据,如 DC)。

实现元数据与对象数据的封装有两种方式:

——对象数据存储在封装文件内部。将对象数据及其所有相关元数据封装在一个信息包中,这种封装文件信息内容多,存储量大。

——对象数据存储在封装文件的外部。通过封装文件内部记录的对象数据的存储地址,可以引导查找数字对象。这种封装方式,需要建立事件注册和解析机制,处理被引用的数字对象的存储路径发生变化后的信息维护。

9 图像编辑处理

9.1 处理方法

9.1.1 处理对象

为提供最佳的图像数据,扫描或者数码拍照后可以对图像进行相关处理。处理对象是经过某种处理过程,由主文件衍生的派生文件。

9.1.2 处理方式

图像处理方式分为：

——单个图像处理。针对个性化需求，对图片进行调色、剪切、合成、明暗修改、色度和彩度的修改、添加特殊效果、编辑、修复等操作。

——批量图像处理。通过系统自动批处理，一次执行多张图片的多个操作调整图像的尺寸、色彩、色调、格式等内容。

9.2 处理项目

9.2.1 裁切

对数字图像的边界进行裁切，去除多余的背景，以完整表现原件纸张形式。

9.2.2 旋转、纠偏(斜)

对方向不正确或偏斜的图像进行旋转还原、纠偏处理。

9.2.3 污点清除

去除影像内污点、黑边框。

9.2.4 锐化

增加图像和原文件相似程度。

9.2.5 色调调整、色彩管理

对图像进行色调调整、去色。

图像采集阶段进行色彩管理，最大限度确保加工图像能真实地反映原件。

9.2.6 尺寸调整和转换

调整图像的大小并转换文件格式。

9.2.7 图像拼接

对分图扫描或摄制的图像进行图像拼接。

9.2.8 内嵌

多个图层分层保存。

9.2.9 打包

将单幅图像的多个文件，合并为一个存储多幅图像的文件，可以独立发布浏览。

9.2.10 数字水印

向数字图像中叠加隐性或显性的图形、文字或数值等，以明确标识版权，防止非法的使用。

9.2.11 字符识别转换

字符识别转换(OCR)处理，使图像内的图形继续保存、图像内的文字转换为计算机文字，以减少图像

资料储存量,并将识别出的文字再使用及分析。

10 数据保存

10.1 技术方法

数据长期保存的技术方法应尽可能避免因为软硬件的技术过时而导致数据无法存取。仿真和迁移,是数据保存的主要技术方法。

仿真(simulation)是用一个计算机系统模拟另一个计算机系统,使前者的功能完全与后者相同,即前者接收与后者相同的数据,执行与后者相同的程序。从维护数据信息可读性角度讲,模仿数据信息生成时的软硬件环境,使数据信息能够以原始状态得以重现。

迁移(migration)是指将数据信息从一种技术环境复制到另一种技术环境上,也就是说,不同信息格式之间的转化。迁移要求软件平台具有良好的兼容性,能够读取多种格式文件,并保护迁移文件的内容真实和使用功能。

两种技术方法都是将文件从一个物理层转换到另一个物理层,以避免各类存储介质的损坏。元数据也是仿真和迁移的一个关键部分。一些迁移过程会导致数字图像的一些功能改变甚至丢失,这时元数据就有助于用户理解数字图像的原始技术环境。自动颜色控制以及比较影像尺寸的度量工具,是图像数据的重要特点,相关元数据的记录对未来图像数据的还原和使用是至关重要的。

10.2 保存介质

根据图像数据存储和服务目的,以及数据安全必要保障,宜选择多样化的存储设备存放数据。存储设备按照其存储介质来分类,可分为磁表面存储设备和光存储设备。根据实际情况,制订数字资源保存策略,可采用在线、离线相结合的方式进行数据的多套备份,并注意异地保存。存储数据应注意定期维护,以确保存储介质和数据的安全和长期可用。

存储介质保存的环境,必须严格按照存储介质自身性能的要求,在温度、湿度、防磁场等方面达到规定指标,并应配置专门的存放设备,以确保存放的光盘、磁带、磁盘等不被损坏。

11 质量控制

11.1 色彩管理

色彩管理的目标是实现不同输入设备间的色彩匹配,包括各种扫描仪、数码相机、数字后背等;实现不同输出设备间的色彩匹配,包括彩色打印机、数字打样机、数字印刷机、常规印刷机等;实现不同显示器显示颜色的一致性,并使显示器能够准确预示输出的成品颜色;最终实现从扫描到输出的高质量色彩匹配。从原始印刷品到显示器,再到打印件,其外观变化越小越好。

数字图像采集前应根据国际色彩协会(International Color Consortium,ICC)标准,进行数字化加工设备的基本色彩校正,包括采集设备、显示器、打印机等,测量数字输入设备和数字输出设备的色彩属性。色彩管理软件可以用于派生文件的处理,建议不要使用彩色管理软件处理数字主文件。

11.2 数据质量

数字化加工图像数据应符合以下质量要求:

a)尽可能合理并记录更多的元数据,包括数字化采集过程中的元数据;

b)扫描或数码拍照应包括灰度级、彩色和直线刻度标尺;

c)采集图像文件有效,内容完整;

d)图像端正,倾斜度不超过1度;

e)图像清晰,不失真,可放大至1∶1显示检查判定;

f)多个画幅拼接要求接缝处无缝吻合,不应缺失或增加内容;

g)图像裁切、旋转和纠偏、去污、锐化、色彩调整和色彩管理、转换、拼接等处理符合图像使用要求,并做操作记录;

h)符合数字化参数要求;

i)图像主文件和派生文件正常浏览;

j)文件夹和文件名命名正确,文件统计数字准确;

k)存储文件不携带病毒。

12 命名要求

12.1 一般要求

图像数据的名称应符合如下要求:

a)拥有唯一标识符,不能与其他资源标识符的名称重复或共享。

b)具备连续一致的结构。文件名称应遵循连续一致的命名方式,便于以统一的方式进行管理和识别。

c)文件名称定义应明确、清晰。有利于文件名的标准化与一致化管理,在数字化过程中更方便辨别文件。

d)具备长期可用性。文件命名方式不依赖于某种处理或者系统。文件名包含的信息不应随着时间的推移而改变。

e)严格遵守技术限制。符合计算机系统对文件名中特殊字符、空格、日期等字符使用的限制,以及文件名字符长度的限制。一般来说,文件名不应该包含太多的字符。最佳命名方式是限制字符长度不超过32个字符。

f)文件扩展名采用三位字符且小写字母。

g)文件名中的元数据应记录到其他文件中,以保证文件跨系统转移时元数据的安全。

12.2 图像数据来源

12.2.1 原生创建的图像文件,可根据创作内容、文件类型、使用目的等方面进行文件命名。

12.2.2 通过模拟或数字对象转换的图像,应根据数字对象的来源、使用目的与相关文献、数据文件的关系等方面进行文件命名。文件名可回溯找到数字化对象。

12.3 目录结构

12.3.1 图像文件保存在具备一定结构的文件目录中,并与元数据相互关联。

12.3.2 文件目录可依据实体对象的标识符或组织结构进行命名,单个文件名必须在其所在目录下是唯一的。

12.4 文件组织

12.4.1 多版本文件

若同一个逻辑对象有不同数字化版本，应将版本信息记录在元数据中，但为了快速识别某一个图像文件，可以将同一个逻辑对象的不同版本的关联性在文件名上有所体现。

注：由于不同的原因，同一个对象可能具有不同的数字化版本（如一幅图像可能为了不同的目的做不同的输出，具备额外的编辑、图层、alpha通道等不同版本，应该值得保存，不同扫描仪扫描出来的、不同原始介质扫描出来的、不同时间不同扫描人员扫描出来的等不同版本都值得保存）。

文件命名应保持一致性，通常对文件名的某个部分增加修饰符，而不是给每个版本赋予一个全新的文件名，这样可以让同一个逻辑对象下不同的文件名有所关联。

12.4.2 派生文件

派生文件名称应与主文件保持一定的继承性，通常采用增加修饰符的办法来区分服务文件的作用。派生文件在图像数据的分辨率、色彩位数、像素数、压缩方式、格式等方面和主文件有所不同。只要和主文件发生链接，派生文件名一般不需要具备描述性。

12.4.3 封装文件

由多个图像对象和其他相关信息组成的文件命名，其图像类型及内部结构信息应记录在结构元数据里，而不是仅仅反映在文件名中。封装文件命名尽可能保持与被封装文件名称的一致性，便于识别数据关系。

ISBN 978-7-5013-5046-9

9 787501 350469 >

定价：20.00元